ORDONNANCE DU ROY,

Portant nouvelles deffenses à tous gens de guerre, sur le commerce du faux sel, du faux tabac, & des marchandises de contrebande.

Du 20. Avril 1734.

A PARIS,

DE L'IMPRIMERIE ROYALE.

M. DCCXXXIV.

ORDONNANCE
DU ROY,

Portant nouvelles deffenses à tous gens de guerre, sur le commerce du faux sel, du faux tabac, & des marchandises de contrebande.

Du 20. Avril 1734.

DE PAR LE ROY.

A MAJESTE' s'estant fait representer les Ordonnances renduës sur la traitte & le commerce du faux sel, du faux tabac & des marchandises de contrebande, les 18. Octobre 1688. 30. Juillet 1698. 16. Octobre 1701. 22. Octobre 1707. 15. Octobre 1709. 27. Septembre 1711. 12. May 1714. 15. Novembre 1715. 20. Decembre

A ij

1719. & 30. Juillet 1720. Elle a jugé neceſſaire d'en raſſembler les principales diſpoſitions dans la preſente, & meſme d'y en adjoûter de nouvelles, qui faſſent connoiſtre ſes intentions d'une maniere ſi préciſe, qu'on ne puiſſe impunement s'en écarter, & que les Chefs & les Officiers de ſes troupes ſoient tenus d'oreſnavant de concourir à reprimer une licence également préjudiciable au ſervice de Sa Majeſté, à la diſcipline militaire, & au bien de ſes fermes : C'eſt dans cette vûë que Sa Majeſté a ordonné & ordonne ce qui ſuit.

ARTICLE PREMIER.

DEFFEND très-expreſſement Sa Majeſté à tous Chefs, Officiers, Gardes du Corps, Gendarmes, Chevaux-legers & Mouſquetaires de ſa garde, Gendarmes ou Chevaux-legers des Compagnies de ſa Gendarmerie, Grenadiers à cheval, Cavaliers, Dragons & Soldats de ſes troupes françoiſes & eſtrangeres, de ſe charger de faux ſel, faux tabac, ou marchandiſes de contrebande, pour quelque cauſe & ſous quelque prétexte que ce ſoit ; à peine auſdits Chefs, Officiers, Gardes du Corps, Gendarmes, Chevaux-legers & Mouſquetaires de ſa garde, Gendarmes & Chevaux-legers des Compagnies de ſa Gendarmerie, & Grenadiers à cheval, de confiſcation tant deſdites marchandiſes de contrebande, faux ſel & faux tabac, que des harnois, chevaux, charrois & autres équipages à eux appartenant, ſur leſquels il s'en trouvera ; & en outre, d'eſtre perſonnellement chaſtiez, soit par prison, amende, ou caſſation de leurs emplois, & meſme de leur eſtre le procès fait extraordinairement, ſuivant l'exigence des cas, ainſi qu'il ſera décidé par Sa Majeſté, ſur le vû des procez-verbaux des commis, & autres preuves qui ſeront adreſſées au Secretaire d'Eſtat de la guerre, pour luy en rendre compte; & à peine auſdits Cavaliers, Dragons & Soldats, d'eſtre chaſtiez ainſi qu'il ſera cy-après expliqué.

II.

TOUT Cavalier, Dragon ou Soldat abſent de ſa troupe, avec congé expedié dans les formes preſcrites par Sa Majeſté, qui ſera arreſté eſtant porteur de faux ſel, faux tabac, ou marchandiſes de contrebande, ſera conduit & écroüé à la requeſte du fermier, dans les priſons les plus prochaines du lieu où il aura eſté arreſté, pour luy eſtre ſon procès fait, & jugé par les juges ordinaires des fermes, ſuivant la rigueur des Ordonnances renduës ſur le fait deſdites fermes, ſans qu'il puiſſe eſtre reclamé par ſes Officiers : Et lorſqu'il ſe trouvera abſent & éloigné de ſa troupe, au-delà des diſtances preſcrites, ſans eſtre muni d'un congé, il ſera écroüé comme deſerteur, dans les priſons royales les plus prochaines du lieu où il aura eſté arreſté, pour eſtre conduit au Regiment dont il ſera, & y eſtre condamné par le Conſeil de guerre, à la peine de mort.

III.

Lorsque ceux qui eſtant en garniſon ou en quar-tier dans les Villes & autres lieux où la ferme du ta-bac eſt eſtablie, uſeront de faux tabac, ledit faux tabac ſera confiſqué, & ceux qui en ſeront trouvez ſaiſis, ſe-ront arreſtez & condamnez par le Conſeil de guerre; ſçavoir, pour la premiere fois, à trois mois de priſon, & à cent livres d'amende au profit des fermes, dont il ſera fait retenuë ſur les appointemens de l'Officier qui ſe trouvera commander la Compagnie dans le lieu du délit, par le Treſorier general de l'extraordinaire des guerres, ou ſon commis chargé du payement de ladite Compagnie; & ce, ſuivant les ordres de l'Inten-dant dans le département duquel elle ſe trouvera, & ſur la ſimple quittance du commis du fermier, au bas d'une copie collationnée de la ſentence renduë contre le coupable: Et en cas de recidive, ils ſeront condamnez aux galeres perpetuelles. Entend Sa Majeſté, que les Cavaliers, Dragons ou Soldats qui ne ſeront trouvez ſaiſis ſur eux hors le lieu de leur logement, que d'une livre de faux tabac, & au-deſſous, & ceux qui n'en au-ront chacun dans leurs chambres ou caſernes, que juſ-qu'à concurrence de deux livres, ſoient reputez n'a-voir ledit faux tabac que pour leur uſage ſeulement.

IV.

Ceux qui feront commerce de faux ſel, de faux

tabac, ou de marchandifes prohibées; fi c'eft avec port d'armes à feu, feront condamnez par le Confeil de guerre à eftre pendus & eftranglez; fi c'eft fans port d'armes, ils feront condamnez aux galeres perpetuelles. Veut Sa Majefté que les Cavaliers, Dragons ou Soldats, qui feront trouvez faifis fur eux, hors le lieu de leur logement, de plus d'une livre de faux tabac, ou qui en auront chacun dans leurs chambres ou cafernes, plus de deux livres; & que ceux qui feront pareillement trouvez faifis de quelque quantité de faux fel que ce puiffe eftre, foit fur eux hors de leur logement, ou dans leurs chambres & cafernes, foient reputez avoir lefdits faux tabac & faux fel, pour en faire commerce. A l'égard des marchandifes prohibées, autres que le faux fel & le faux tabac, Sa Majefté fe remet à la prudence des Officiers qui compoferont le Confeil de guerre, d'infliger les peines eftablies par le préfent article, ou celles énoncées dans l'article précedent, fuivant qu'ils auront lieu de juger par la quantité defdites marchandifes prohibées, que ceux qui en feront trouvez faifis les auront pour leur ufage, ou pour en faire commerce.

V.

CEUX defdits Cavaliers, Dragons ou Soldats, qui feront arreftez dans les provinces frontieres, pour les cas énoncez dans les deux articles précedens, foit par les employez des fermes, par les Marefchauffées, ou autres, feront conduits & remis au pouvoir des Officiers de l'Eftat-Major de celle des Places la plus voifine, où il y aura Eftat-Major, pour y eftre jugez par le Confeil de guerre, fans avoir égard à la dependance du lieu où ils pourroient avoir efté arreftez. Ordonne & enjoint très-expreffement Sa Majefté aux Commandans defdites Places, de faire affembler fans delay le Confeil de guerre, pour en iceluy, fur le procès-verbal des employez & autres, & fur le rapport & les conclufions du Major ou Ayde-Major de la Place, proceder contre les coupables, & iceux condamner aux peines cy-deffus ordonnées, fans que lefdits Officiers puiffent s'en difpenfer fous quelque pretexte que ce puiffe eftre: Et pour ofter aufdits Cavaliers, Dragons ou Soldats les moyens de faire le commerce de faux fel, de faux tabac ou de marchandifes prohibées, Sa Majefté leur a deffendu & deffend de fortir des villes, places & lieux où ils feront en garnifon ou en quartier, fans congez expediez dans les formes prefcrites; à peine contre ceux qui fe trouveront éloignez defdites villes, places & lieux au-delà de la diftance prefcrite par les Ordonnances de Sa Majefté, fans eftre munis d'un congé, d'être punis comme deferteurs.

VI.

ET à l'égard des troupes eftant en garnifon ou en quartier dans les provinces interieures, les délinquants feront conduits & écroüez dans les prifons les plus prochaines du lieu où ils auront efté arreftez, pour eftre

leur

leur procès fait & jugé dans la forme prescrite par l'article precedent, dans un Conseil de guerre, qui sera pour cet effet assemblé par l'ordre du Commandant de la garnison ou du regiment, & ce sur les conclusions du Major ou Ayde-Major du regiment dont seront lesdits délinquants.

VII.

DEFFEND très-expressement Sa Majesté aux Cavaliers, Dragons & Soldats, de se travestir ou changer leurs habits de Cavalier, Dragon ou Soldat, à peine contre ceux qui seront trouvez deguisez dedans ou dehors la garnison, quoyque dans les distances permises, de tenir prison pendant trois mois : Entend Sa Majesté qu'il reste toujours aux regimens un nombre suffisant d'Officiers pour les contenir ; & que par les Majors, Aydes-Majors ou autres Officiers chargez du détail, il soit fait regulierement deux fois le jour, le matin & le soir, l'appel des Cavaliers, Dragons & Soldats de leurs regimens, pour rendre compte aux Gouverneurs ou Commandans des Places, de ceux qui ne s'y seront pas trouvez presens.

VIII.

ENJOINT Sa Majesté aux Commandans desdites Places, de faire faire la revûë desdites Troupes toutes les fois qu'ils en seront requis, pour connoistre les absens, & proceder contre eux suivant la rigueur des Ordonnances.

B

I X.

VEUT auſſi Sa Majeſté que les Cavaliers, Dragons ou Soldats, qui trois jours après que le Regiment ſera ſorti de la garniſon, ſeront trouvez dans les Places ou lieux circonvoiſins des endroits où ils eſtoient en quartier d'hyver, ſoient arreſtez & punis comme deſerteurs, ſi ce n'eſt qu'ils fuſſent reſtez malades aux Hôpitaux, ou s'ils n'ont des congez en forme.

X.

LES accuſations qui ne tendront qu'à la peine de priſon ou d'amende pecuniaire, ſeront jugées ſur le vû des procez-verbaux des employez des fermes, par eux affirmez veritables, ſans qu'il ſoit beſoin de reçollement ni de confrontation.

X I.

CELLES qui ſe trouveront ſuſceptibles de peines afflictives, ne pourront eſtre jugées qu'après une inſtruction entiere, par audition de temoins, recollement & confrontation : Declare Sa Majeſté le temoignage de deux gardes, conforme dans la repetition & confrontation, ſuffiſant pour la conviction des accuſez.

X I I.

ENJOINT Sa Majeſté aux Commandans de ſes Places, & aux Officiers-commandans de ſes garniſons ou quartiers expofez à la contrebande & au commerce de faux fel & de faux tabac, de tenir foigneufement la main à ce qu'aucun Cavalier, Dragon ou Soldat, n'en puiffe fortir armé de fufil, piftolets, bayonnette, & même avec le fabre & l'épée, à peine d'eftre ref-ponfables des dommages qui pourroient eftre commis au moyen defdites armes, tant au prejudice des fermes, que des particuliers.

X I I I.

LEUR enjoint pareillement, lorfqu'ils en feront re-quis par les Directeurs des fermes, d'ordonner une garde aux portes, breches & autres endroits defdites garnifons ou quartiers expofez au faux-faunage ou à la contrebande, & même de commander des détache-mens, à la premiere requifition des employez, pour courir fus aux faux-fauniers & contrebandiers.

X I V.

LORSQUE les employez auront avis de quelque dépoft de fel, de tabac ou de marchandifes de contre-bande dans les cafernes, greniers, écuries & logemens des troupes, ils s'adrefferont au Commandant de la garnifon ou du quartier, pour ordonner à un Officier d'aller avec eux pour leur faciliter la vifite & faire ar-refter ceux qui fe trouveront en contravention; ce qui ne pourra eftre refufé ni differé de la part dudit Com-mandant & autres Officiers, à peine d'eftre perfonnellement responsables des dommages & interests du fermier, même d'estre privez de leurs emplois si le cas y écheoit, ainsi qu'il sera décidé par Sa Majesté sur le vû des procez-verbaux & autres preuves qui seront administrées au Secretaire d'Estat de la guerre, pour luy en rendre compte.

X V.

LA contrebande, & le commerce du faux sel & du faux tabac, ne pouvant se faire dans les Forts, citadelles & chasteaux, sans que les Commandans & autres Officiers de l'Estat-Major en soient informez, Sa Majesté declare qu'Elle les rendra responsables en leur propre & privé nom, des contraventions qui pourroient s'y commettre; & que sur les preuves qui seront administrées au Secretaire d'Estat de la guerre, desdites contraventions, soit qu'elles ayent esté commises par connivence, tolerance ou inattention desdits Officiers Majors, Elle les privera de leurs emplois, & ordonnera sur ce qui sera dû de leurs appointemens, des retenuës proportionnées aux dommages & interests qui auront pû en resulter au préjudice des fermes.

X V I.

TOUTES les fois que les employez desdites fermes jugeront à propos de faire des visites dans lesdits châteaux, forts ou citadelles, le Commandant leur en permettra l'entrée sans aucun retardement: Il en fera, pour cet effet, donner la confgne au Corps-de-garde de l'entrée, & commandera fur le champ, lorfqu'ils fe prefenteront, un Officier pour les accompagner, & empefcher qu'on ne leur apporte aucun obftacle ou difficulté dans les vifites & perquifitions qu'ils jugeront à propos de faire, & ce fous les peines ordonnées par l'article precedent.

X V I I.

Enjoint Sa Majefté aux Officiers de fes troupes, de prefter main-forte aux employez, lorfqu'ils en feront requis, pour arrefter des faux-fauniers, faux-tabatiers & contrebandiers, fous peine de defobéïffance ; & aux Cavaliers, Dragons & Soldats, d'arrefter ceux qu'ils pourront découvrir : Et pour les encourager de plus en plus à concourir en ces occafions au bien des fermes, Elle ordonne que lorfqu'ils auront arrefté feuls, & fans l'affiftance d'aucun employé des fermes, des faux-fauniers, faux-tabatiers ou contrebandiers, ils auront pour recompenfe les chevaux, charrettes, armes & équipages de ceux qu'ils auront arreftez ; indépendamment de quoy, il leur fera payé cent fols pour chaque minot de faux fel emplacé au grenier le plus prochain du lieu où la capture aura efté faite, & quinze livres pour chaque quintal de faux tabac qu'ils auront pareillement emplacé dans les plus prochains bureaux ou entrepofts de la ferme du tabac. Veut Sa Majefté que dans les cas où ils n'auront faifi que le faux fel ou le faux tabac appartenant aux faux-fauniers ou faux-tabatiers, fans arrefter aucun defdits faux-fauniers ou faux-tabatiers, il ne leur foit payé que le quart des fommes cy-deffus; fçavoir, vingt-cinq fols pour l'emplacement de chaque minot de faux fel, & trois livres quinze fols pour l'emplacement de chaque quintal de faux tabac, outre les chevaux, charrettes, armes & équipages, abandonnez ou pris fur les fraudeurs, dont ils joüiront en quelque cas que ce puiffe eftre. Veut néantmoins Sa Majefté, que dans les cas où les captures auront efté faites par les troupes, conjointement avec les employez des fermes, lefdits employez participent aux recompenfes cy-deffus, à proportion de leur nombre & de leurs qualitez; en forte cependant que le Commandant des troupes ait un tiers de plus que le Commandant des employez; & qu'un Garde des fermes ait autant qu'un foldat. A l'égard du tabac & du fel pris par les employez, qui feront conduits dans lefdits greniers, bureaux & entrepofts, fous l'efcorte defdites troupes, elles auront pour ladite efcorte vingt fols pour chaque minot de fel ou quintal de tabac qui y feront emplacez. Quant aux marchandifes de contrebande prifes par lefdites troupes, & dépofées par elles aux bureaux des fermes, il leur fera reglé par les fermiers generaux, une recompenfe proportionnée à la valeur defdites marchandifes.

XVIII.

Il fera de plus payé aufdites troupes quinze livres

pour chaque faux-faunier, faux-tabatier ou contreban-
dier, pris avec armes, fel, tabac ou marchandifes de
contrebande, & par elles écroüé dans les prifons de la
ville où le bureau, le grenier ou le dépoſt des fermes
le plus prochain fera eſtabli, & dix livres pour chacun
de ceux qui feront pris fans armes. Il fera en outre
payé aufdites troupes vingt fols, pour la conduite de
chacun de ceux qui auront eſté arreſtez par les employez, & qu'elles auront efcorté à leur requifition
jufques aux prifons.

X I X.

LESDITES fommes feront payées en vertu de la
prefente Ordonnance, par les Receveurs des greniers
à fel ou bureaux du tabac où lefdites captures auront
eſté remifes, au Commandant du détachement par qui
elles auront eſté faites , & ce immediatement après
que les procez-verbaux defdites captures auront eſté
faits & redigez par les employez des fermes, ou par
les premiers juges fur ce requis; fans qu'il puiffe eſtre
apporté aucun retardement à la confection defdits
procez-verbaux, ni aucune difficulté au payement
defdites fommes, fous quelque prétexte que ce puiffe
eſtre.

X X.

LE Commandant du détachement, chargé de la
conduite des faux-fauniers, faux-tabatiers & contrebandiers, prendra toutes les précautions neceffaires pour

leur sûreté; declarant Sa Majesté, que s'il s'en sauvoit quelqu'un, Elle l'en rendroit responsable en son propre & privé nom. Veut pareillement Sa Majesté, que les Commandans des détachemens qui auront fait des saisies de faux sel, de faux tabac, ou de marchandises prohibées, remettent exactement dans les greniers à sel, dans les bureaux du tabac, ou dans ceux des traittes, la totalité desdits faux sel, faux tabac, ou marchandises prohibées, en même nombre, espece, volume, mesure ou poids qu'ils les auront saisi, à peine de repondre en leur propre & privé nom de ce qui pourroit en estre souftrait ou diverti, & d'estre chastiez, soit par prison, amende pécuniaire, ou cassation de leurs emplois, ainsi qu'il sera décidé par Sa Majesté sur le vû des procez-verbaux, & autres preuves qui seront administrées au Secretaire d'Estat de la guerre, pour luy en rendre compte.

XXI.

S'IL arrivoit que les employez des fermes, conduisant des prisonniers, fuffent spoliez & maltraitez par des Gendarmes, Cavaliers, Dragons & Soldats de ses troupes, soit dans les villes & lieux de leurs garnisons, de leurs quartiers ou des environs, ceux qui auront spolié la capture à main armée, feront punis de mort; & ceux qui auront favorisé la spoliation, feront condamnez aux galeres, sauf plus grande peine s'il y écheoit : leur procès sera pour cet effet instruit par le

Prevost

Prevost de la Marêchauffée, & jugé fur fon rapport au Confeil de guerre, qui fera affemblé dans le lieu de la garnifon ou du quartier, en la forme cy-deffus prefcrite.

XXII.

VEUT en outre Sa Majefté, qu'en ces fortes de cas, le Regiment dont feront les accufez, demeure refponfable de la perte du fel, du tabac, & des marchandifes prohibées, au prix que lefdits fel & tabac fe vendent dans les bureaux les plus prochains des lieux où la fpoliation aura efté faite, & de tous les dépens, dommages & interefts du fermier & des employez qui auront efté maltraitez; & que fur le jugement, & l'eftat qui en fera dreffé par lefdits fermiers ou leurs principaux commis, vifé par l'Intendant de la province, & adreffé au Secretaire d'Eftat de la guerre, il foit pourvû au dédommagement par retenuë fur le Regiment.

XXIII.

LORSQU'UN corps de troupes partira d'une garnifon ou d'un quartier où les fermes des gabelles & du tabac ne feront pas eftablies, ou de quelques lieux voifins des provinces ou pays exempts defdites fermes, pour s'acheminer dans ceux qui y feront fujets; les Marêchaux des logis dans la Cavalerie & dans les Dragons, & les Sergens dans l'Infanterie, vifiteront exactement les havrefacs de ceux qui font fous leur charge, pour empefcher qu'ils ne tranfportent aucune quantité

C

que ce puiſſe eſtre de faux ſel, de faux tabac & de marchandiſes de contrebande: Veut Sa Majeſté que ſi dans
les viſites qui pourront eſtre faites dans le cours de la
route, ainſi qu'il ſera cy-après expliqué, quelques Cavaliers, Dragons & Soldats s'en trouvent ſaiſis, le Ma-
rêchal-des-logis ou le Sergent de la Compagnie dont
ils ſeront, ſoit mis en priſon pour un mois à ſon arrivée
dans ſa garniſon, qu'il ſoit privé de la moitié de ſa ſolde
pendant ledit temps, & que le Cavalier, Dragon ou
Soldat qui s'en trouvera porteur, ſoit pareillement
arreſté, conduit lié à la teſte du Regiment, & mis en
priſon en arrivant à la garniſon, pour eſtre mis au
Conſeil de guerre, & y eſtre condamné aux peines
portées par les articles III. ou IV. de la preſente Ordonnance, ſuivant que les quantitez de faux tabac ou
de marchandiſes de contrebande dont il ſe trouvera
chargé, dénoteront qu'il les avoit pour ſon ſimple
uſage, ou pour en faire commerce, & ce conforme-
ment auſdits articles.

XXIV.

INDEPENDAMMENT de la demy ſolde d'un mois
retenuë aux Marêchaux-des-logis & aux Sergens, qui
ſera appliquée aux fermiers generaux, il leur ſera de
plus payé ſur les appointemens du Capitaine, un dédommagement proportionné aux quantitez de faux ſel
& de faux tabac qui auront eſté ſaiſis dans ſa Compagnie, ſuivant les ordres qui en ſeront donnez par Sa

Majesté, sur le rapport qui luy sera fait de la nature &
de la force de la contravention.

X X V.

ENJOINT Sa Majesté à tous Chefs & Officiers de
ses troupes marchant sur des routes, de les faire mettre en bataille lorsqu'ils en seront requis par les employez establis sur leur passage, & de tenir la main à ce
qu'ils fassent la visite des havresacs des Cavaliers, Dragons
& Soldats, ainsi que des coffres, valises & porte-manteaux
que les Officiers pourront avoir avec eux.

X X V I.

LES coffres, valises & porte-manteaux des Officiers
dans lesquels il se trouvera du sel, du tabac ou des
marchandises de contrebande, seront saisis par les employez, & demeureront avec tous les effets qui s'y
trouveront renfermez, confisquez au profit des fermiers
generaux, envers lesquels lesdits Officiers seront en outre condamnez en une amende de cent livres, dont la
retenuë sera faite sur leurs appointemens.

X X V I I.

LORSQUE ladite visite devra estre faite à l'entrée
ou à la sortie d'une place de guerre, le Commandant
de la troupe sera tenu à la requisition qui en sera faite
par les employez, de la faire mettre en bataille avant
que d'entrer dans la place, ou après qu'elle en sera sortie,

C ij

& de commander des Officiers pour veiller à ce que
la visite soit faite sans aucun trouble. Veut Sa Majesté
que les Majors des places, & en leur absence les Aydes-
majors, se rendent aux portes sur le lieu où la troupe
sera en bataille, pour veiller à l'execution de ce qui est
en cela des intentions de Sa Majesté.

X X V I I I.

LESDITS Majors ou Aydes-majors rendront compte
aux Commandans des places, de ce qui se sera passé dans
lesdites visites ; & en cas de desobéïssance, ou de vio-
lence & de mauvais traitemens à l'égard des employez,
lesdits Commandans en rendront compte aussi-tost à
Sa Majesté, qui rendra personnellement responsables les
Chefs & Officiers conduisant la troupe, des dommages
& interests de ses fermes, & de ceux qu'auront pû
souffrir les employez maltraitez.

X X I X.

TOUT Officier commandant une troupe en marche,
sera responsable des contraventions commises par ceux
estant sous ses ordres, & tenu en son nom de payer les
amendes ausquelles ils pourront estre condamnez.

X X X.

POUR oster tout pretexte aux troupes d'user de faux
tabac, il y aura dans les cantines establies par les soins
des Fermiers generaux, une quantité suffisante de tabac

pour leur fournir celuy qui sera necessaire pour leur consommation, sur le pied de douze sols la livre poids de marc.

XXXI.

LE tabac sera fourni dans lesdites cantines pour les Sergens & Soldats, & pour les Gendarmes, Brigadiers, Cavaliers & Dragons des troupes de Sa Majesté, tant françoises qu'estrangeres, à raison d'une livre par mois chacun : Leur fait Sa Majesté très-expresses inhibitions & deffenses d'en exiger une plus grande quantité; enjoignant Sa Majesté aux Commandans & autres Officiers desdites troupes, de tenir la main à l'execution du present article.

XXXII.

LES commis tenant lesdites cantines, feront la distribution du tabac aux regimens ou compagnies, à proportion du nombre effectif d'hommes dont ils seront composez, suivant les revûës des Commissaires des guerres, lesquels pour cet effet leur delivreront un extrait desdites revûës, signé d'eux.

XXXIII.

LE tabac sera delivré les premiers jours de chaque quinzaine, à ceux qui seront chargez par les Officiers des regimens ou compagnies de le recevoir pour tout le corps, & d'en faire la distribution en détail aux Gendarmes, Soldats, Cavaliers ou Dragons : Voulant Sa Majefté, que les prépofez aufdites recettes & diftributions, foient tenus de l'aller prendre dans la cantine de la ville où lefdits regimens ou compagnies feront en garnifon : Et au cas que lefdits regimens & compagnies foient dif-perfez dans le plat-pays, qu'ils aillent le prendre à la cantine de la ville la plus prochaine des quartiers.

XXXIV.

Les Commandans ou Officiers chargez du détail de chaque troupe, feront tenus de donner tous les mois & toutes les fois que ladite troupe changera de garnifon ou de quartier, leurs certificats au bas des extraits de revûës, de la quantité de tabac qui luy aura efté fournie.

XXXV.

Les troupes qui auront reçu des ordres pour rentrer dans le Royaume, feront tenuës de fe fournir au premier bureau general ou entrepoft de leur route, de tout le tabac de cantine dont elles auront befoin pour le temps de leur marche; & celles qui pafferont d'une province dans une autre, feront pareillement tenuës de fe fournir à la cantine du lieu de leur garnifon, du tabac qui leur fera neceffaire pour le temps qu'elles devront marcher, le tout conformément aux articles cy-deffus : au moyen de quoy, & lorfque les troupes auront obmis de fe fournir de tabac dans les endroits indiquez par le prefent article, elles ne pourront en exiger dans les autres bureaux & cantines de leur route. Et afin que les commis puiſſent faire le décompte des quantitez de tabac qu'ils devront fournir à proportion du nombre des jours certifiez par les routes ſur leſquelles leſdites troupes devront marcher, il leur en ſera fourni des copies, au bas deſquelles les Commandans ou Officiers chargez du détail, certifieront pareillement les quantitez qui auront eſté delivrées pour le temps de la marche.

XXXVI.

A l'égard du ſel neceſſaire à la conſommation des troupes, Sa Majeſté a fixé à ſept livres le minot, non compris deux livres un ſol ſix deniers pour les droits manuels, le prix de celuy qui leur ſera fourni dans les pays ſeulement où la gabelle a lieu. Cette fourniture ſera faite par les Receveurs des greniers à ſel, à raiſon d'un quart de minot de ſel par mois pour quarante-deux Gendarmes, Cavaliers, Dragons ou Soldats, & à proportion pour un nombre plus petit ou plus grand; de laquelle fourniture leſdits Receveurs ſeront tenus de faire mention ſur leurs regiſtres.

XXXVII.

VEUT au ſurplus Sa Majeſté, que la preſente Ordonnance ſoit ponctuellement executée ſelon ſa forme & teneur, nonobſtant tout ce qui pourroit s'y trouver de contraire dans les precedentes, auſquelles Sa Majeſté a dérogé & déroge par la preſente; ſon intention eſtant qu'elle ſerve de regle à l'avenir dans tous les cas qui feront relatifs au commerce du faux fel, du faux tabac & des marchandifes de contrebande.

MANDE & ordonne Sa Majefté aux Gouverneurs & fes Lieutenans generaux en fes provinces, Gouverneurs particuliers de fes villes & places, Intendans & Commiffaires départis dans lefdites provinces, aux Directeurs & Infpecteurs generaux de fes troupes, Colonels, Meftres-de-Camp, & autres Officiers defdites troupes, & aux Commiffaires des guerres ordonnez à leur conduite & police, de tenir la main, chacun à fon égard, à l'exacte obfervation & execution de la prefente, laquelle Sa Majefté veut eftre lûë, publiée & affichée par tout où befoin fera, à ce qu'aucun n'en prétende caufe d'ignorance; & qu'aux copies d'icelle, dûëment collationnées, foy foit adjoûtée comme à l'original. FAIT à Verfailles le vingt Avril mil fept cens trente-quatre. *Signé* LOUIS. *Et plus bas,* BAÜYN.

Collationné à l'Original par Nous Ecuyer-Confeiller-Secretaire du Roy, Maifon-Couronne de France & de fes Finances.